儿童书法进阶学堂

玄秘塔碑

大麓书院 编著

享受单纯的书写
体验运笔流畅的美好

感受字里行间的温度，重回手写的初心

北方联合出版传媒(集团)股份有限公司
万卷出版公司

ⓒ　大麓书院　　2016

图书在版编目（CIP）数据

玄秘塔碑 / 大麓书院编著 . -- 沈阳 : 万卷出版公
司 , 2016.10
　（少儿书法进阶学堂丛书）
　ISBN 978-7-5470-4285-4

Ⅰ . ①玄… Ⅱ . ①大… Ⅲ . ①毛笔字 – 楷书 – 中小学
– 法帖 Ⅳ . ① G634.955.3

中国版本图书馆 CIP 数据核字 (2016) 第 212294 号

出版发行：北方联合出版传媒（集团）股份有限公司
　　　　　万卷出版公司
　　　　　（地址：沈阳市和平区十一纬路25号　邮编：110003）
印　刷　者：沈阳市精华印刷有限公司
经　销　者：全国新华书店
幅面尺寸：210mm×260mm
字　　数：150千字
印　　张：5.25
出版时间：2016年10月第1版
印刷时间：2016年10月第1次印刷
责任编辑：杨春光
装帧设计：大麓书院
责任校对：王　斌
ISBN 978-7-5470-4285-4
定　　价：25.00元

联系电话：024-23285256
传　　真：024-23284521
E－mail：vpc_tougao@163.com

目录
CONTENTS

柳公权造像

PART 1
柳公权与《玄秘塔碑》

1. 柳公权

　　柳公权（778 − 865），字诚悬，唐代书法家，楷书四大家之一。汉族。京兆华原（今陕西铜川市耀州区）人。官至太子少师，世称"柳少师"。柳公权书法以楷书著称，与颜真卿齐名，人称颜柳。他的书法初学王羲之，后来遍观唐代名家书法，认为颜真卿、欧阳询的字最好，便吸取了颜、欧之长，在晋人劲媚和颜书雍容雄浑之间，形成了自己的柳体。他的字结构严谨、刚柔相济、疏朗开阔、用笔刚利，以骨力劲健见长，后世有"颜筋柳骨"的美誉。

　　柳公权一直到老对自己的字还很不满意，他晚年隐居在华京城南的鹳鹊谷（现称柳沟），专门研习书法，勤奋练字，一直到他 88 岁去世为止。

2. 《玄秘塔碑》

　　《玄秘塔碑》是柳公权的代表作品，碑现在存放在西安碑林。《玄秘塔碑》是柳公权64 岁时所书，运笔遒劲有力，字体学颜出欧，别构新意。清代王澍以为："《玄秘塔碑》是'诚悬极矜练之作'。"此碑字的结构特点主要是内敛外拓、结构紧密、笔画挺劲、运笔健劲舒展、干净利落、四面周到，有自己独特的风格。千百年来《玄秘塔碑》一直是人们学习唐楷时喜欢采用的范本。

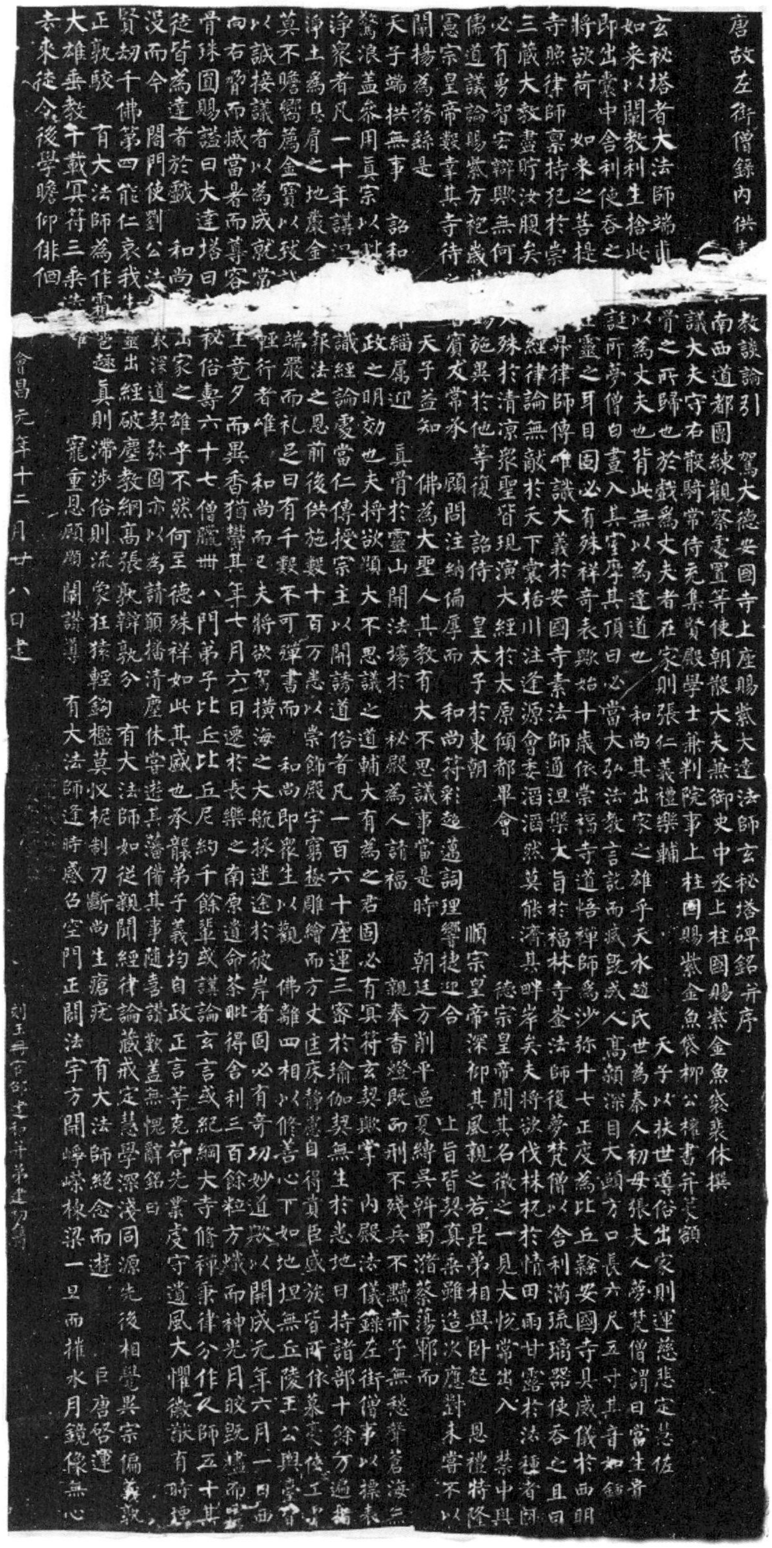

《玄秘塔碑》全本

PART 2

坐姿

1. 书写毛笔字的正确坐姿

写毛笔字正确的姿势很重要。写毛笔字以坐姿为主，一是练二三寸大楷字不需要站着写，二是坐着写省力又利于注意力集中。

正确的坐姿：

两脚平放在地上，腰板挺直，与椅子隔开一点，身体与桌子也要隔开一点。

双手放在桌子上。左手按着纸，右手悬空执笔，头稍稍前倾。

2. 执笔方法

执笔的方法在写字时是十分重要的，执笔方法是通过合理地安排手指和拿笔的位置，能够同时发挥腕、肘的作用。

拿笔的位置：毛笔的大小长短不一，执笔的高低是根据笔的长度调整的。一般捏住笔管的三分之二处。

执笔五指的分布：

前人传下来的拿笔方法有多种多样，其中"五指执笔法"最为常用易学。这种执笔法，强调每一个手指都在执笔中发挥作用。

具体方法介绍如下：

①以拇指和食指将笔杆拿起，即用拇指、食指的第一指节相对捏住笔杆；注意大拇指的第一关节要向外凸起，不要凹下去。

②中指并于食指的下面，并向内勾住笔杆，注意也要用第一指节（因为手的第一指节感觉最灵敏、最灵活，应用也最多）。

③无名指的指背向外抵住笔杆的内侧；

④小指跟在无名指后面，两指合力，抵住笔杆，起到了辅助的作用。

三 PART 3 书写工具

毛笔书法所用的工具，主要有笔、墨、纸、砚，又称作"文房四宝"。掌握它们的性能，善于使用和保管它们，是很重要的哦！

1. 笔

笔的名称，在古代叫法不一。秦代定名为"笔"。从毛笔出现至今，已有五六千年的历史了。

笔，按照制作原料与弹性的强弱，大致分为软毫、硬毫和兼毫三类。

(1) 软毫笔。是选取弹性、硬度差的动物毛为原料制作的，常用的有"羊毫"。软毫笔质柔软，能多吸收墨汁，锋毫也便于铺开，容易写出丰满的笔画。

(2) 硬毫笔。主要是选择硬度和弹性较强的动物毛制成的。常用的有"紫毫"和"狼毫"。硬毫比较刚硬，弹性足，多用于写小楷。

(3) 兼毫笔。是选用两种或两种以上弹性不同的动物毛，按一定比例混合配制而成。也是介于软、硬之间的一种中性笔，它的特点是软硬适中，刚柔相济。

笔管

笔毫

笔锋

2. 纸

我国是世界上最早发明造纸术的国家。纸的种类很多，性能和用途也不一样。书法、绘画常用"宣纸"。从晋代出现至今，已有一千五六百年的历史。当时以安徽泾县生产的纸质量为最佳。

宣纸质地绵韧，纹理细腻，洁白如玉，便于长期保存和收藏，被人们誉为"纸中之王""千年寿纸"。

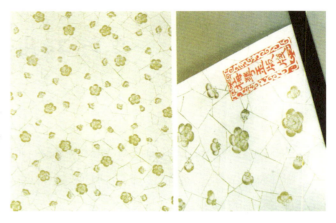

3. 墨

我国的墨与笔、纸一样，也有悠久的历史。新石器时代的人们就已经用墨色作为记载、绘画和装饰的用品了。墨用松烟和油烟制作。

现在，我们多用墨汁，节省了许多磨墨的时间，质量也比较优良。

4. 砚

又叫砚台或墨海。目前见到最早的砚出自秦代，砚有竹砚、木砚、瓷砚、石砚等很多品种。以石砚为最多。最著名的是"端砚"，另有"歙砚""鲁砚""洮砚"等。石砚质地细密，下墨较快，好的砚石再加上精工雕刻，不仅实用，还是精美的工艺品。

石砚用过以后要用清水洗净，砚中要经常贮点清水，以保持湿润。

四 PART 4 基本运笔方法

笔画可分为基本笔画和由基本笔画变形或组合而成的笔画两大类。楷书中的每一个笔画，都包含起笔、行笔与收笔三个过程。这个过程的具体要求是：

1. 起笔

起笔是中国书法的用笔方法之一，是通常所说笔画的"头"。楷书笔画起笔时的用笔大致可以分为四种，每种用笔会产生不同的起笔效果。

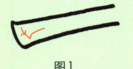

图1

① 顺入笔：指笔尖原地入纸轻轻下按（顿笔），顺势起笔，也称"露锋起笔"。如图1。

图2

② 逆入笔：欲右先左、欲下先上，先逆后顺，也称"藏锋起笔"。笔画起笔呈"圆"形。如图2。

图3

③ 滑入笔：与"顺入笔"相似，入笔速度略快。笔画起笔呈"长尖"形。如图3。

图4

④ 切入笔：笔尖入纸后下切，笔画起笔呈"方"形。如图4。

2. 行笔

　　行笔也是中国书法的用笔方法之一，指笔锋在纸上的运转动作，也称运笔。行笔是起笔之后的用笔动作，就是通常所说的笔画的"身"。楷书笔画行笔时的用笔有"提、按、顿、挫"之别。

图5

　　① 调锋：即调整笔尖的方向，便于控制毛笔继续书写。调锋需注意两点：其一，速度要快；其二，调整至书写者本人认为可以"舒服"向下写的方向即可。如图5。

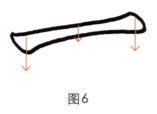

图6

　　② 提按：指笔画书写中上提下按交替，使得在一个笔画中产生轻重粗细的变化。著名书法家沈尹默先生曾讲过："提和按必须随时随处相结合，才按便提，才提便按……如此动作，不得停止。"如图6。

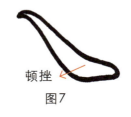

顿挫

图7

　　③ 顿挫：顿有轻重之别，起笔一般微顿，行笔中会出现重顿现象；挫是指在行笔中突然停止，以改变笔画方向的动作。如图7。

正确

错误

图8

　　④ 中锋行笔：中锋即在用笔过程中，笔锋始终保持在笔画的中线上运动，写出的笔画沉着饱满，劲道有力，富于立体感。如图8。

3. 收笔

收笔有轻重缓急的变化，同时，收笔也是一个笔画书写结束与后笔起笔之间有形或无形的联系。

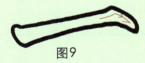

图9

① 顿收：笔画结尾处下顿回带。如图9，点、横的收笔。

图10

② 轻收：笔画结尾处轻顿回带。如图10，竖、小横的收笔。

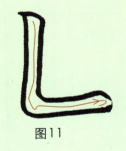

图11

③ 驻收：笔画结尾处稍停顿借力回带。如图11，横、竖弯的收笔。

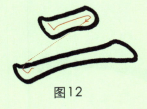

图12

④ 引带：笔画收笔时借势引带出下一笔起笔。如图12。

图13

⑤ 出锋：笔画结尾不必回带，顺势减力将笔送出，速度不宜过快。如图13，撇、捺、悬针竖的收笔。

五 PART 5 基本笔画——横

横画在汉字中使用最多，是字的骨架。起着横梁的作用。柳体楷书中的横画具有稳定字的作用，长横中间较细，笔力健劲，短横比较粗壮，多横画并列的时候，长短、粗细、俯仰形态各异，多有变化，应该用心学习和领悟。

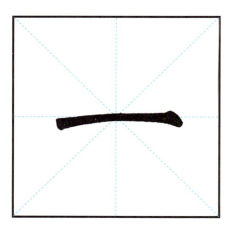

长平横：逆锋向左起笔，折锋向右下顿笔；转锋向右，中锋行笔；至收笔处向右上稍提，向右下重顿笔，向左上回锋收笔。

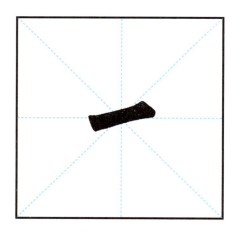

短平横：笔法如同长横，略短小一些。在柳体楷书中横画是倾斜的状态，左低右高。

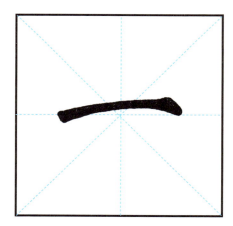

长弧横：逆锋起笔，折笔下按笔。然后向右行笔，渐行渐提。到收笔处自然收笔。

PART 6

基本笔画——竖

竖画和横画一样也是字的骨架，好像是柱子一样，起着支撑的作用。竖画的形态要根据它在字中的不同位置而变化。柳体楷书中的中竖多用悬针竖，左右竖画多用垂露竖，字挺拔稳健。柳体楷书起笔处比其他书体多一个棱角，这是柳体特有的。

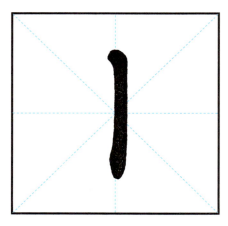

垂露竖：逆锋起笔，折锋向右下顿笔；转锋向下中锋行笔；至收笔处向左略挫，转锋向右上收笔。形如露珠。

悬针竖：逆锋左上起笔，折笔转锋向右，再向右下顿笔，向下行笔，收笔时渐行渐提，使笔锋向中间靠拢，然后出锋收笔。

斜竖：逆锋起笔，折笔向右下斜向行，到收笔处转锋平收，笔画较为均匀。

門 問

千 部

林 相

七 PART 7 基本笔画——折

折画是由两个行笔方向不同的笔画组合而成的。横折是由横画收笔与竖画起笔相组合构成的。折画也有形态变化，特别是一个字中出现两个或两个以上的折画时，写折画时就要姿态生动、富于变化。

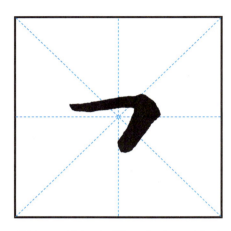

横折：横折是横画与竖画的结合，转折时，先提笔，再向右下顿笔，然后转锋向下行笔，到收笔处略停顿，回锋收笔。

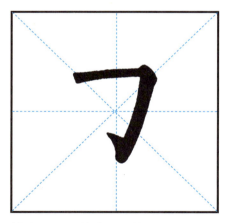

横折钩：横折是横画与竖画以及钩的结合，转折时，先提笔，再向右下顿笔，然后转锋向下行笔，到收笔处略停顿，向左上方自然出锋收笔。

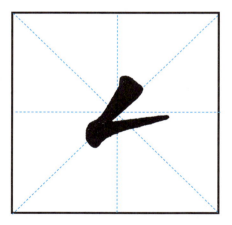

撇折：逆锋起笔，向左下行笔作撇，转折时，按笔作顿，然后折笔转锋提笔逐渐轻轻挑出。

右 盍

刀 而

經 絕

八 PART 8
基本笔画——撇

撇的样子好像是一把刀，给人锋利快速的感觉，用笔的时候需要尽量用腕部的力量，并和肘、臂协调使用。柳楷书撇画书写速度轻快、劲利。与捺画相对而出，收笔比捺画低一些，即轻撇重捺，撇低捺高。

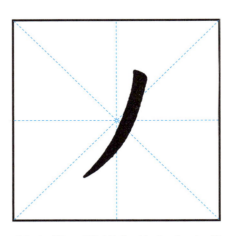

长直撇：逆锋起笔向右上书写，折锋的时候稍微向右下顿笔，转锋向左下行笔，渐行渐提，到收笔处提笔出锋。笔势较直。

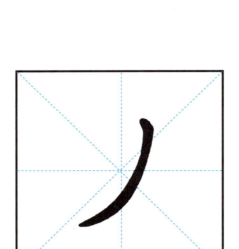

长弧撇：起笔如竖画，转锋时略向下行笔，然后渐渐转向左下行笔作一弧形，然后渐行渐提撇出。

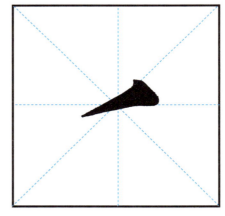

平撇：逆锋起笔，向右下顿笔，然后向左渐行渐提，蓄力出锋，取平势。

20

原 應

大 丈

乎 香

PART 9
基本笔画——捺

捺画又叫"波"，是因为它的笔势好像是水的波纹。书写捺画要掌握好"一波三折"，起笔的时候稍轻，行笔时渐渐呈波势，书写捺脚的时候稍按再收。柳体捺画用笔较粗，捺脚长又尖细。捺画收笔高于与它相对的撇画。这是柳体的显著特征。

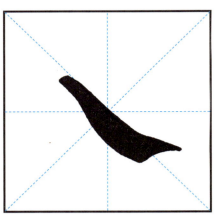

长捺：逆锋起笔，然后折锋向右，向右下行笔，渐行渐提，到捺脚处略顿笔，然后提笔出锋收笔。

反捺：顺锋起笔，向右下行笔，到捺脚处略顿笔回锋收笔。

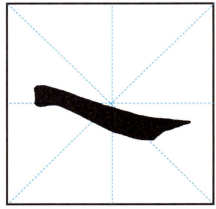

平捺：逆锋起笔，折笔转锋向右，再按笔略向下行笔，到捺脚处稍微顿笔，再提笔出锋。

太 夫

之 迷

关 次

23

PART 10
基本笔画——点

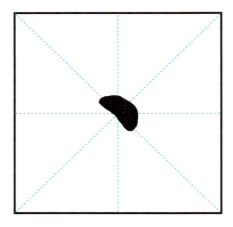

点为基本笔画中最小的、最初的笔画。点又称为"侧"。"侧"有险峻斜侧的意思，就是写点的时候不要太正，要取斜的势态，写出力度和动态的感觉来。柳体书法中点画富于变化，整体上遒劲有力，饱满力沉。

圆斜点：左上逆锋起笔，折笔转锋向右顿笔，再向右下行，最后左上回锋收笔。点应该写得圆润些。

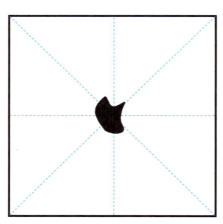

挑点：轻锋落笔，向右下行笔，回锋向左上提笔，渐行渐提。挑锋不要过长。

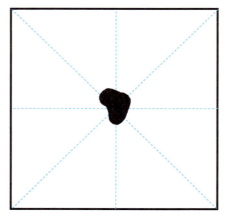

竖点：逆锋起笔，折笔向右下稍行笔便转锋左下稍顿笔，回锋向上收笔。

六 美

汝 酒

字 守

PART 11

基本笔画——钩

钩是附属笔画，钩好像人的足尖，写勾画的时候力量要聚在锋尖，应该取人起脚踢出之势。当写到钩处的时候，不要立即钩出，而是要顿笔回锋，调整好笔锋后再蓄力钩出，这样写出的钩才丰润饱满，刚健有力。柳体钩画出锋势圆劲利，回锋有蓄势待发的感觉。

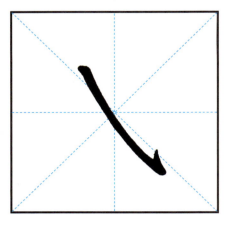

斜钩：逆锋起笔，折笔向右顿，转锋向右下作微弯行笔，到钩处轻顿，回锋稍顿笔，用力向上偏左钩出。

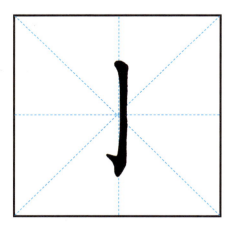

竖钩：起笔、行笔和竖画一样，到钩处向左下顿笔，转锋向左钩出。

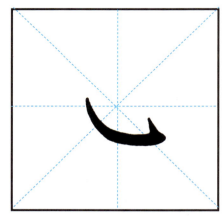

卧钩：尖峰轻落起笔，向右下渐行渐按作横卧势行笔，到钩处轻顿笔，向左钩出。

PART 12

基本笔画——挑

书写挑画的时候，应该取左低右高斜出之势。行笔要渐行渐提，行至末端的时候，提笔出锋，要刚健、有力。挑画除了根据在字中位置不同而角度有所不同外，没有太多的形态变化。

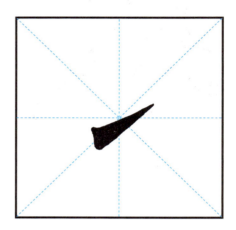

长挑：逆锋起笔，稍微顿笔，转锋向右上行笔，渐行渐提，迅速出锋。

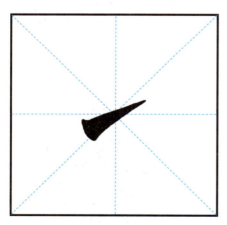

短挑：笔法同长挑，只是笔画短小一些，出锋更劲力。

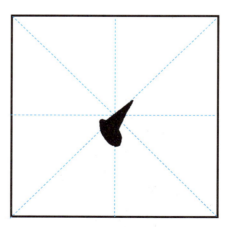

点挑：逆锋起笔，稍顿笔。转锋向右上出锋。

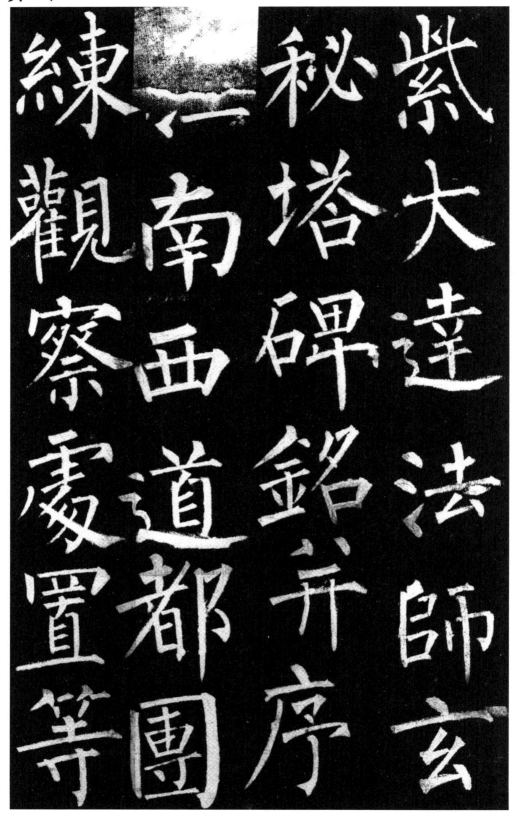

使朝散大夫蕪御史中丞上柱國賜紫金魚袋裴休撰

上議大夫守右散騎常侍充集賢殿學士兼判院事上柱國賜

紫金魚袋柳公

權書并篆額一

玄祕塔者大法

師端甫骨之

所歸也於戲爲丈夫者在家則張仁義禮樂輔天子以扶世導

俗出家則運慈悲定慧佐如来以闡教利生捨此以為

35

丈夫也背此無

以人為達道也

和尚其出家之

雄乎天水趙氏

世為秦人初母張夫人夢梵僧謂曰當生貴子即出囊中舍利

使吞之誕所
夢僧白畫入其必
室摩其頂白
當大弘法教言

訖而臧旣成人
高頼深目大顯
方口長六尺五
寸其音如鍾夫

將欲荷

之菩提

之耳目固

殊祥音表

如來

其靈

必有

歟始

十歲依崇福寺

道悟禪師為沙

弥十七正度為

比丘綜安國寺

具威儀於西明
寺照律師禀持
犯於崇□鼻
律師傳唯識大

義於安國寺素

法師通逗槃大

旨於福林寺岌

法師復夢梵僧

汝三器以
腹藏使舍
矣大吞利
　教之滿
　盡且琉
經貯目璃

律論無敲扵夫

下囊括川注逢

源會委滔滔然

莫能濟其畔岸

矣夫將欲伐株杞於情田雨甘露於法種者圖必有勇智宏辯

歟無何殊

於清涼眾聖皆

現演大經於太

原傾都畢會

德宗皇帝聞其名徵之一見大悅常出入禁中與儒道議論

太子於東朝

復詔侍

賜施異於他皇等

賜紫方袍歲

順宗皇帝深御其風親之若昆弟相與卧起恩禮特隆憲宗

皇帝毀幸其寺

待之□賓友常

承顧問注納

偏厚而和尚

符彩超邁詞理響捷迎合上皆皆契真乘雖造次應對未

嘗不以闡揚為務縣是知佛天子益知教為大聖人其教

有大不思議事

當是時朝廷

方削平區夏縛

吳斡蜀渚蔡蕩

鄆而天子端拱無事詔和緇属迎真骨於靈

山開法場於秘殿為人請福親奉香燈既而刑不殘兵不黷

赤子無愁聲，蒼海無驚浪，蓋察用眞宗，以人比政之明效也。

夫將欲顯大不思議之道輔大有為之君固必有冥符玄契

掌內殿法儀錄左街僧事以標表淨眾者凡一十年講溫

識經論慐當仁

傳授宗主以開

誘道俗者凡一

百六十座運三

密於瑜伽契無

生於悲地日持

諸部十餘方遍

　淨土爲息肩

之地嚴金報法之恩前後供施毀十百万悲以崇飾殿宇

窮極雕繪而方丈庭床靜憲自得貴臣盛族皆所依慕豪徒工

霞莫不瞻嚮蔫
金寶以致弐曰
端嚴而礼足日
有千縠不可彈

心離衆書
下四生而
如相以人
地以觀和
坦修尚
無善佛即

丘陵王公興臺
首以誠接議者
以為成就常
輕行者雖和

尚而己夫將徵

駕橫海之大航

揉迷途於彼岸

者固必有竒切

67

妙道歟以人開咸

元年六月一日

西向右脅而臧

當暑而尊容

竟夕而異香

猶爵其年七月

六日遷於長樂

之南原遺命茶

毗　餘　光
得　粒　月　骨
舍　方　皎　珠
利　熾　既　圓
三　而　爐　賜
百　神　而　謐

曰大達塔曰

祕俗壽六十七

僧臘卅八門弟

子比丘比丘尼

約千餘輩或講

論玄言或紀綱

大寺脩禪秉律

分作人師五十

其徒皆為達者

於戲和尚不

出家之雄乎不

然何至德殊祥

如此其盛也承
朕弟子義均自
政正言等克荷
先業虔守遺風

大懼徽猷有時

埋沒而今閣

門使劉公法

取深道契彌固

亦以為請顙播

清塵休嘗遊其

藩備其事隨喜

讚歎盖無愧辭

銘曰賢劫千佛第四能仁哀我生靈出經破塵教

綱高張孰辯孰

分有大法師昌

如從親聞經律

論藏戒定慧學

深淺同源先後相覺異宗偏有執正執駁大法師為作霜

笆趣眞則滯涉
俗則流象狂猨
輕鈞檻莫收柷
制刀斷尚生瘡

疣

有大法師

絶念而遊

巨唐啓運蓮

大雄垂教千載

冥符三乘洪雁寵重恩顧顯闈讚導有大法師逢時感召空

門正關法宇方

開峥嶸棟梁一

而榷水月鏡

旦無心志來徒

像

令後學瞻仰俳

個會昌元年廿

日建二月

刻玉冊官邵建和

弟建初鐫門

八十